AF216151

Marion Jana Goeritz

Bewegung

Bibliografische Information der Deutschen Nationalbibliothek:

Die Deutsche Nationalbibliothek verzeichnet diese Publikation in der Deutschen Nationalbibliografie; detaillierte bibliografische Daten sind im Internet über http://dnb.dnb.de abrufbar.

© 2019 Marion Jana Goeritz

Coverbild: Edith Lüthi auf pixabay

Coverbild bearbeitet: Marion Jana Goeritz

Herstellung und Verlag: BoD – Books on Demand, Norderstedt

ISBN: 978-3-7481-4013-9

Herzlich Willkommen liebe Leser,

alles bewegt sich, und dadurch darf auch so manches neu entstehen. Tröstlich ist das wohl, wenn wir meinen, etwas verloren geben zu müssen.

Ist ein neuer Weg anfänglich auch etwas mühsamer, hilft es sicher, diesen Schritt für Schritt vorwärts zu gehen.

Gehen wir mit Gefühl durch unser Leben, dürfen wir darauf vertrauen, es wird uns helfen, unseren Weg zu finden.

Herzlichst

Marion Jana Goeritz

Jemand wie er,
so meinen manche,
trägt bestimmt ein Tattoo.
Wo andere jedoch Gründe suchen,
er, braucht keinen dazu.
Gestochen scharf
so manches Bild,
skizziert in dunkler Nacht.
Bunte Träume
auf nackter Haut,
und was es mit ihm macht,
darüber zerbricht man sich
den Kopf.
Seine Träume wachsen auf ihm,
in rot und blau und grün.

Da wo andere Sonnenbraun,

zeigt er seine Träume her.

Regen fällt,
schwemmt das Gestern,
aufgelöst in unzähligen Tropfen,
einfach fort,
Der herannahende Tag
erzählt neu,
am Horizont schon gelber Schein.
Gefühle finden neue, gute Wege
und endlich hinaus, aus dem
"Geht nicht mehr."

Manche Grenze überschritten!

Dadurch manches neu erlebt?

Manches Wort

zu viel gesprochen,

und da, wo nur die Liebe zählt?

Manches probiert, gut gemacht!

Manches Verstehen

nicht gehabt?

Manches wahrgenommen,

doch nicht hinterfragt?

Zu spät bemerkt,

was es wirklich war?

Manche Fragen nie gestellt?

Manche Antwort, weit gefehlt?

Manche Sicht nicht überdacht?

Und dann nur Träume spinnen

in der Nacht?

Manche Tage Glück gehabt!

Manche Menschen hinterfragt?

Manchen sogar übersehen?

Noch nicht wissen,

wie vorwärts gehen?

Die Seele lässt sich fühlen.

weiße Wände umzingeln sie,

ein Bild erzählt ganz still.

Erzählt ihr von einem Traum,

den sie noch erleben will.

Leise

streicht sie mit ihrer Hand

über dieses Leben,

und sie fühlt ganz tief in sich,

kann es noch etwas Schöneres

geben?

Ihre Blicke verfangen sich,

in den lachenden Gesichtern.

Und ihr Herz, es öffnet sich,

sie fühlt sich jetzt bei ihnen.

Ein leises Lächeln

sendet sie hinüber zu dem Bild,
und ihre Hand
berührt es in der Stille sanft.
In der Ferne Schiffe,
doch woher sie kommen,
sie weiß es nicht.
Doch möchte sie so gern
mit ihnen fahren, egal wohin,
nur weg von ihm.
Sie wünscht sich immer
ein schönes Leben,
doch ihr Gefühl erzählt es nicht.
So manche Träne
ging schon auf große Reise,
so wie ein Schiff,
das sie schon sah in der Ferne.

Sie schaut zum Bild

und sie spricht sehr leise

"Es liegt an mir, an keinem sonst.

warum bleibe ich nur hier?

Was ist es,

das mich gefangen hält?"

Doch als sie die Antwort fand

im Gefühl,

hatte sich das Glück

schon zu ihr gesellt,

es war immer schon da.

Straßen im Dunkel,
scheinen endlos und leer.
Der Rhythmus der Nacht,
er hat begonnen .
Alle tanzen wie verrückt,
doch nicht Jeder
verbindet sich mit ihr.
Blauer Dunst schwebt auf,
aus so manch geselliger Runde.
Manches Wort
hinter vorgehaltener Hand
verlässt nun
die scheinbar Mutigen
der Stunde.
Was am Morgen nicht richtig,

hier wird es erzählt,

doch ist die Nacht vorüber,

bleibt doch wieder alles,

wie es war.

Denn was man sich auch hier

auch so erzählen mag,

allein dadurch,

kann es nicht besser sein.

Ein gut gemeinter Schulterklopf

hilft da nicht raus,

es gibt Menschen,

die wissen es besser.

Selbst

sollte sich ein Jeder erheben

aus dem, was ihm missfällt,

erst dann kann er erleben,

das sein Leben wirklich zählt.

Ein Wunder ist,

ein kleines Menschenkind,

das mit den Jahren wird größer.

Das es laufen lernt und lachen,

sprechen aus seiner Seele.

Das seine Hand eine andere hält,

in allen seinen Zeiten.

Das es auch

durch Pfützen rennt,

und den Sonnenschein malt

auf allen grauen Straßensteinen.

Ein Wunder ist,

das Menschen sich finden,

und sie tanzen im gleichen Takt,

und egal welche Hautfarbe

jeder hat.

Ein Wunder ist,

so viele Tränen,

die aus Freude auf Reisen gehen.

Das wir auch sehen,

um uns gibt es so viel Schönes,

und das wir

zu unseren Gefühlen stehen.

Auch Freundschaft halten

mit anderen Menschen,

denn auch sie

ist ein starkes Band.

So wie die Liebe,

die uns findet

und für die wir

unendlich dankbar sind.

Ein Wunder ist,

unsere ganze Erde,

Flüsse, Meere, Menschen,

Tiere und Land.

Brücken die so vieles verbinden,

und vielleicht ein Getrennt sein

erträglicher wird.

Flugzeuge und Schiffe

auf unserem Planeten,

sie bringen uns überall hin.

Doch eines der größten Wunder
unserer Erde,

wird wohl nur der Frieden sein.

Ein Wunder ist,

der Regen auch,

er lässt die Erde reich erblühen.

Der Mond,

der des Nachts auch hell scheint

und die Sterne, die sich im Dunkel

über uns legen.

Das Helle vom Tag

und das Dunkle der Nacht,

Musik, wenn sie erklingt

und der warme Sonnenschein,

der nach jedem Regen kommt.

Er erzählte Geschichten

aus seiner Welt und sie,

sie hörte ihm immer zu.

Knarrende Dielen,

zwei Stühle leer,

nur das Sonnenlicht saß darauf.

Das Gelb malte

das alte Holz etwas bunt,

sein Blick offen und gerade aus.

Wie schön

fühlte es sich für ihn doch an,

als sie ihm noch lauschte

und er es

als selbstverständlich nahm.

Seine Hand glitt durch sein Haar,

sein Blick, er sank zu Boden.

Leise kam der Abschied,

dachte er sich

und eine Träne schickte er

auf Reisen.

Und wie er so verstanden hatte,

das er früher noch nicht wusste,

fühlte er ganz tief in sich,

es lässt sich wieder richten.

Und eines Tages,

sah man sie beide wieder

auf den Stühlen sitzen.

Nicht nur er erzählte ihr, auch

sie hatte ihm zu berichten.

Beide strahlten aus dem Raum.

Nichts war zu spät,

weil vieles erkannt

und beide sich noch liebten.

Stehen wir am Rand

unserer Welt,

wohin

wird unser Blick gerichtet sein?

Welcher Gedanke

wird zuerst geboren,

der im Gefühl sich zeigt?

Blicken wir zurück ins Dunkel?

Wahrscheinlich,

schauen wir auf zur Sonne,

damit wir uns

wieder erinnern können.

Wenn wir uns

an Träume erinnern,

die wir bunt

und liebenswert geträumt,
dann fühlen wir
doch Vertrauen in uns,
auch wenn die Sonne
mal nicht so scheint.
Und werden wir uns
bewegen in Richtung Sonne,
kommen wir auch
an einen anderen Ort.
Werden wir fühlen und erkennen,
der Rand der Welt,
war er dafür gut?

So weit ist es noch?

Das Ziel dort in der Ferne?

Sterne leuchten nur des Nachts?

Und Sonne

scheint an jedem Morgen?

Gedanken, lösen Gefühle aus,

wiederkehrend, bis zum Schluss.

Verrückt zu werden,

keine Option!

Es kommt anders!

Gott sei Dank!

So mancher Traum

im Zaun gefangen.

Eigener Raum jedoch,

so viel wert.

Doch was wir brauchen,

ist Vertrauen,

und niemanden

der uns etwas anderes erzählt.

So weit immer noch?

Das Ziel dort in der Ferne?

Erinnern wir uns?

Im Winter,

fällt nicht immer Schnee

und im Sommer,

ist es nicht nur heiß.

Im Herbst,

da scheint die Sonne auch,

im Frühjahr sogar,

wird sie neu geboren

und ja, jetzt erinnern wir uns.

Die Sterne

leuchten auch am Tag!

Doch nur des Nachts,

können wir sie auch sehen.

Und wenn wir

das wirklich verstanden haben,
fühlen wir auch,

die Liebe, sie ist immer da.

Nur weil es nicht glänzt,

kann es dennoch richtig sein!

Nur weil es anderen nicht gefällt,
kann es für dich

doch einen Wert besitzen!

Nur weil jemand meint,

das ist nichts für dich,

kannst du es

dennoch ausprobieren.

Nur weil deine Gedanken

dich daran hindern,

vergisst du zu lieben?

Nur weil dein Herz

nicht sprechen mag,

verpasst du so viel!

Versprich es dir, lerne zu leben!

Nicht wie alle,

sondern so wie du es fühlst!

Wenn du fliegen könntest,

wo läge dein Ziel?

Wie hoch würdest du fliegen?

Würde Regen dich schrecken,

Winde verzerren?

Würdest du fliegen

wie ein Pionier?

Würde dich

jemand abhalten können?

Doch erreichst du dein Ziel,

wer wärest du dann?

Wenn die Zeit alles verrät,
Uhren im Takt sich bewegen.
Welches Geheimnis
würde dann noch leben?
Wenn alles zählt,
wie würden wir uns verhalten?
Fühlen wir noch
die Stärke in uns?
Alles ist möglich?
Nichts scheint zu schwer,
einfach durch die Liebe?
Wenn Wunder geschehen,
Kreisel sich drehen,
bunt und schnell mit Musik.
Schöne Erinnerungen

aus Kindheitstagen,

sich legen leicht

auf unser Gemüt.

Fühlen wir Frühling, Sommer,

Herbst und Winter und wissen,

das alles für immer bleibt,

weil es

in unserer Erinnerung lebt,

so lang wir es mögen.

Das Gold des Himmels,
es fällt in den Tag.
Leise Worte scheinen lauter,
wenn du dich wagst.
Und ist das Silber der Nacht
ein Garant dafür?
Was für uns noch zählt?
Wir fühlen,
das Gold und Silber
Reichtum sind.

Wir können uns halten
am Band der Liebe.
Auf der Suche nach uns Selbst,
haben wir uns gefunden.
Einst gefühlte große Leere,
gefüllt mit grenzenlosem Glück.
Regen tropfte
aus unseren Seelen, spülte weg,
was dort noch saß,
tief und fest aus Kindertagen.
Doch durch die Liebe,
fühlten wir hindurch
durch die Zeit.
Alles, das uns begegnet,
verstehen wir es,

auch im Gefühl,

so heilt es.

Sein Gefühl, es fand zurück,

zurück in sein Leben.

Er suchte sich

und fand sich auch.

Durch Dunkelheit

einst weit gegangen,

im Hellen er nun geht.

Gefühle,

tief im Seelenmeer

einst versunken,

wandeln nun auf Sonnenwegen.

Und fragt ihn einer

nach seiner Reise, erzählt er,

die Liebe war es, die er suchte,

sie wohne nun in ihm.

Ihr Gefühl fand zurück,
zurück in ihr Leben.
Sie suchte sich
und fand sich auch.
Das Licht um sie,
es scheint noch heller,
denn ihre Gedanken
sind keine Kreise mehr.
Gefühle,
einst tief
im Seelenmeer versunken,
wandeln nun auf Sonnenwegen.
Schatz geborgen,
es ist nie zu spät.
Sie fühlt das Licht,
das Wärme schenkt

und es gehört zu ihr.

Und fragt sie einer

nach ihrer Reise, erzählt sie,

die eine Liebe war es,

die sie suchte

und nun wohnt sie schon in ihr.

Sie träumten sich in die Welt,
die nicht zu ihnen gehörte.
Sie sendeten grüne Pfeile aus,
die ihr Ziele nicht verfehlten.
Labyrinthe aus alter Zeit,
öffneten sich geheimnisvoll,
in Liebe.
Sie gingen in ihnen spazieren,
doch wovon träumen sie heute?
Wenn sie auch
einen Traum nur schenkten,
würden sie
wieder darin spazieren gehen?

Der Wagen der Zeit
rollt vor ihnen her,
erinnert sie und drängt.
Im Hier und Jetzt
endlich zu leben.
Was wird sein,
wenn der Wagen hält?
Der Wagen der Träume
rollt neben ihnen her,
durch bunte Planen
weht der Wind.
Fantasie gemalt,
doch woher nehmen?
Und was wird sein,
wenn der Wagen hält?

Der Wagen der Erinnerung
rollt hinter ihnen her,
haben nicht vergessen,
wohl nur verdrängt?
Doch was wird sein,
wenn der Wagen hält?

Der Weg des Herzens,
vielleicht
gehst du ihn noch leise?
Noch im Verborgenen,
weil Angst mit schwingt?
Doch glaube ich,
du wirst zu dir stehen,
und eines Tages
gehst du ihn laut.

Es sind die Zeichen des Himmels,
sie fliegen ihr zu,
reisten weit durch Sphären.
Aus der Ferne fühlt sie es schon,
wenn die Engel singen,
weil ihr Herz
die richtigen Fragen gestellt.

Wen er liebt,

wird er ihr nicht sagen,

und sie

fühlt kein Vertrauen zu ihm.

Doch er fragt sich immer wieder,
was soll nur werden,

wenn er sich nie traut

ihr zu sagen, was er fühlt?

Wen sie liebt,

er weiß es schon lange.

Es ist ihr Gefühl,

das ihn verändern wird.

Sein Schmerz,

er wird sicher kleiner werden,

denn eines Tages findet er ihn,

den Menschen,
der nicht gebunden ist.

Bunte Farben
auf grauen Asphalt.
Herzen, sprechen Liebe.
Stille, ist wie ein Diamant,
doch im Gehen nur,
kann er geschliffen werden.

Wenn einem Traum
die Farben fehlen,
wie heißt es dann?

Die Dünen am Strand,

sie fangen den Wind.

Er singt sein Lied, mit dem Meer.

Wellen, sie tanzen

hin zum Strand,

und bringen so manches daher,

der Ozeans erzählt gern,

und wir können es sehen.

Alte Baken, mit Schätzen und

Karten einst versunken.

Sturm besiegte wohl

so manches alte Schiff,

das da schon liegt

seit Tausenden von Jahren,

als noch die Seefahrer

Männer waren.

Träume, sie leben Seelentief,

bunt bemalt

in den schönsten Farben.

Heißt der Morgen Sonnenlicht,

glänzt auch der Herzensfaden.

Golden, ist der Traum und Silber,

Schatten aber trägt er nicht.

Zukunftsfarben

schau sie strahlen heute schon.

Das zeigt

unser Lächeln im Gesicht.

Regenbogen,
deine Farben leuchten
weit übers Land,
so schmücken sie
nicht nur die Erde,
auch das Blau über uns.
Seelen
reichen sich auf dir die Hände,
Frieden lockt im Himmelszelt,
und damit er auch
auf der ganzen Erde werde,
hörte man ihn, den Glockenklang.
Deine Brücke sie kehrt wieder,
immer dann wenn Regen fällt
und die Sonne

mit ihren Strahlen,
alle deiner Tropfen zählt.

Wenn die Flügel einer Seele,

sich erheben sanft und sacht,

wird es

einen neuen Anfang geben,

den die Seele glücklich macht.

Schwebt sie dann

im großen Reigen,

leicht dahin im hellen Schein,

fühlt so mancher ihre Flügel,

fühlt sie wie ein Glitzerschein.

Und schwebt sie auch

weit über der Erde,

fühlt so mancher einen Hauch.

So kann es sein,

es wird uns berühren,

was es zwischen Himmel
und Erde gibt.

Sternengold
vom Himmel zaubern.
Träume weben auch am Tag.
Warme Sonne funkelt Sterne
und so manches leise Wort.
Ohne Schwur, ohne Versprechen,
reisen Gefühle hin und her.
Und eines, das sagt einfach alles!
Es fühlt sich an, als ob es Liebe
wäre.

Wenn die Nacht

mit deinen Farben,

ein Herz ausmalt,

und alles brennt!

Wenn die Nacht auf deine Weise,

so manches Wort

nur leise' erzählt.

Und wenn du dich

im dunklen Reigen,

mal tröstet

mit so mancher Braut.

Was wird dann wohl

der Tag beweisen,

wenn diese Nacht vorüber zog?

Schweigende Worte laut erzählt,

erschweren die Bindung,

die Hilfe sucht.

Wenn du einmal fällst,

steh wieder auf.

Keine Welle gibt es kaum.

Die nächste, sei sie auch groß,
wirst du schaffen,

vertrau darauf.

Wenn du einmal stehenbleibst,

sieh auch zurück.

Nur so kannst du sehen,

was du alles schon

gemeistert hast.

Und lass dir nichts einreden,

ohne es selbst probiert zu haben.

Sonnenlicht,
ihre Strahlen kitzeln Wände bunt.
Fenster offen, frischer Wind.
Weht das Gestern, das so trist,
einfach fort.
Mein Lachen,
es kehrt zu mir zurück,
ein Tag,
der viel Gutes wohl verspricht.
Keine Kreise,
kein Gehen im Quadrat,
nur nach vorn,
einfach so und so gut ich kann.
Was mir heute wird begegnen,
wird eingerahmt,

denn es erzählt von meinem Weg.

Mein Gefühl so nah am Licht

und einen Schalter gibt es nicht,

um mal Pause zu machen.

Was für ein Gefühl,

wenn ich nur mich bemühe

und niemanden Eintritt gewähre.

Sonnenlicht,

ihre Strahlen

kitzeln meine Seelenwände bunt

und ich,

ich freue mich .

Donnerschlag und Blitzgefühl!

Alles auf Anfang

und zwar schnell!

Eine zweite Chance?

Sie könnte vieles bedeuten!

Erwartungen abgestreift,

wie eine alte Schlangenhaut.

Einfach, nein einfach sicher nicht,

aber es ging nicht mehr so!

Vielleicht

der Tanz mit mir selbst,

zeigte den Ausweg,

aus dem, was war.

Vielleicht

wollte ich nicht mehr

nur daneben stehen,

sondern mitten hinein?

Was es auch war,

es war gründlich!

Donnerschlag und Blitzgefühl,

wo ward ihr nur?

Straßenlaternen
säumen lange Wege,
entzünden ihr Licht
in der Dunkelheit.
Himmel funkelt
mit Abertausend Sternen
und sein Zelt verschluckt
jeden Schritt,
den es hört.
Seelensuche?
Was gestern noch wichtig,
heute unbedeutend scheint?
Wunder?
Was würde sein,
wenn es alles auf einmal will?

Zeigt es sich

in allen seinen Farben,

bunt und schön?

Was wäre, das Wunder würde
sprechen „ Du bist es."

Ein Gefühl spricht leise,

es würde bleiben

und vielleicht,

wäre das ja Liebe?

Lichter drehen sich unentwegt!
Menschen in der Menge.
Sie tanzen,
andere sitzen nur an der Bar,
erzählen aus ihrem Leben.
Was der Tag ihnen auch
verboten hat,
hier erwecken sie es zum Leben.
Ihre Münder erzählen
im Sekundentakt,
das was ihnen
zu schaffen macht,
und das können sie nur hier.
Der Arsch in ihrer Hose,
er sitzt noch nicht!

Sie verkaufen sich ständig,

und wundern sich,

das ihr Leben nicht richtig läuft?

Traut euch doch mal, einmal nur,

eure Meinung ruhig zu sagen.

Vielleicht

schenkt man euch

dann Aufmerksamkeit

und kommende Abende

verlaufen anders als gewohnt?

Hat der Wind sich gedreht,
Rückenwind
und vorwärts geht es!
Warten bis es geschieht?
Nimm es selbst in die Hand!
Erinnerungen bleiben zurück
und was du siehst,
das war einmal.
Du hast Glück,
buntes Leben erwacht
an einem Nachmittag,
und zeigt dir neue Wege,
die du in Freude gehst.

Straßen bunt gesäumt
von Menschen,
sie tanzen
im Rhythmus der Musik.
Im Gleichklang
schaukeln ihre Hüften,
Leichtigkeit hat gesiegt!
Lachen in ihren Gesichtern!
Und damit es so bleibt,
halten wir uns fest!

Schenkst du dein Herz,
dein Kopf nichts mehr weiß?
Schenkst du dich für immer?
Fühlst du Liebe?
Gibst du auch etwas preis?
Sprichst du wahr
oder musst es erst lernen?
Wenn du meinst es wäre gleich,
erzähle ich dir,
was ich zu sagen habe.
Liebst du wahr,
bleibt dir immer
dein Lächeln in der Seele!
Doch tust nur so,
scheint dir schon Morgen

keine Sonne mehr.

Fragen,
die Gestern noch
meine Welt bewegten,
fanden ihre Antworten
in der Nacht.
Mondlicht
erzählte mir Geschichten,
ich hörte zu,
doch glaubte ich sie nicht.
Hatte mein Gehen
in der Welt schon
in eine andere Richtung gelenkt.
Wovon ich träume,
was ich mir wünsche,
ich habe es erkannt.

Doch was sprichst du,

wenn ein Freund

an deiner Seite fehlt?

Mit wem lachst du,

wenn das Leben belohnt?

Und wer ist der Mensch,

den du am meisten liebst?

Die Antwort, ich höre sie kaum.

Und wenn der Kummer

sich auf dich setzt,

wer trocknet deine Tränen?

Manchmal glaubte ich,

die Antwort bist du.

Häusermeer hoch gezogen,

das Leben wirkt versteckt.

Bahnen

kreuzen viele Straßen,

auch bis spät in die Nacht.

Am Tag

geschäftig unterwegs,

des Nachts jedoch geht es ab.

Dort, wo die Musik

über die Theke spielt,

wird so vergessen

leicht gemacht?

Das Wahre,

es findet sich in jeder Seele!

Doch ist es wohl

das in mancher Nacht,

was es zu vermeiden gilt?

Ich brauche keine Lügen!
Möchte die Wahrheit
in allem sehen!
Gefühle erzählen mir so viel,
doch lassen sie sich auch leben?
Erzähle du mir nicht,
was Liebe ist!
Du versteckst dich
hinter deiner Qual
und glaubst auch
noch du seist stark.
Vielleicht
hast du bereits bemerkt,
wie sehr du mich schon verletzt,
und du es wieder tust,

wenn du so weiter machst.

Wie es hieß, ich weiß es längst!
Die Luft zu dünn, um zu atmen.
Mein inneres Kind, es freute sich
es fühlte Liebe,
wie noch nie in seinem Leben.
Freudestrahlend
sah ich in den Tag,
und ein Gefühl in mir,
wie Tausend Sonnen stark.
Behütend trug ich dich
durch die Straßen der Stadt,
doch die Stärke in mir,
irgendwann nahm sie ab.
So ging ich durchs Dunkel
viele Jahre lang,

und stellte mir

so manche Frage,

die mich auch traf.

Ein neuer Tag.

Doch war ich aufgewacht?

Ein Gefühl begann ich zu tragen.

Niemand legt sich noch einmal so,

so tief in mein Herz hinein,

wie du es getan,

in einigen

meiner schönsten Tage.

Das versprach ich dieser Seele,

und auch mir, im Winter '85.

Vergessen?

Vergessen, nein

das kann ich nicht,

jedoch

kann ich heute damit leben.

Was braucht ein Mensch
zum Leben?
Hast du dich
das schon einmal gefragt?
Mit Widerwillen?
Dann ist ja alles gesagt!

Als ich noch klein
wohl nichts
über die Liebe wusste,
und die Schaukel mich
hoch zum Himmel trug,
da sang ich Lieder schon
und hoffte auf die Liebe auch.
Erzählte ihnen nichts
über mein Gefühl,
erwähnte keinen Namen,
es war so mein Geheimnis nur
und ich trug es nah
an meinem Herzen.
Scheinbar weit
übers Dach schaukelte ich,

Angst fühlte ich manchmal leise,

das ich vielleicht von oben

nach unten falle, und doch,

Sehnsucht machte sich breit.

So viel Gefühl kannte ich schon,

in meinen jungen Jahren,

doch niemand erfuhr davon.

Ich erwähnte keinen Namen,

erzählte nichts

über mein Gefühl.

Es war mein Geheimnis nur,

und manchmal glaube ich,

ich tat es schon einmal wieder so.

Manchmal

riefen sie meinen Namen laut,

ich unterbrach meine kleine Reise.

Nicht,

um sie vergessen zu machen,

nur, für eine kleine Pause.

Der Himmel

hatte mich ziehen lassen,

die Schaukel, sie stand still,

mein Lied, erklang auch so in mir,

nur ohne lauten Gesang.

So erwähnte ich keinen Namen,

erzählte nicht über mein Gefühl,

es war einfach

mein Geheimnis nur,

so wie du es heute tust.

Bärenkräfte, Urgewalt.

Nicht drei mal schwarzer Kater.

Es war so anders,

und doch so wahr,

nichts lieber als vergessen.

Seine Stimme männlich derb,

kaum sah man ihn mal Lächeln.

Kindheit war nicht wunderbar,

so sah er nicht, was schön war.

So manche Stunde, hartes Los,

nur Arbeit machte Sinn.

Und oft am Abend sah man ihn,

mit gefüllten Flaschen stehen.

Dabei erzählten um ihn herum,

die anderen so Sachen.

Und manchmal
tat ihm das wohl weh,
er hatte sich provozieren lassen.
Doch erinnert sich
einer an diesem Mann,
dann wird er wohl sagen können,
ein Arbeiter,
wie er im Buche stand,
doch wahre Liebe
Fehlanzeige,
und das ist wirklich schade.

Was bleibt, sind oft Erinnerungen.

Sie malen die Bilder erneut.

Mancher scheut sich davor,

sie anzuschauen,

weil die Wunde

noch nicht verheilt.

Mancher

erzählt jedoch so gern davon,
vielleicht

weil im Heute

das Bunte wohl fehlt.

Und manchmal

stimmen vielleicht

die Farben nicht ganz,

weil nichts

und niemand stehen bleibt.

Sie tragen ihre Welt

auf den Schultern.

Sie tragen auch schwer daran.

Es gibt nichts,

was sie zu sagen haben,

und doch bleiben sie nicht stumm.

Sie gehen durch viele Türen,

die eine offen, eine andere zu.

Sie verletzen dabei ihre Seele,

doch

sie nehmen es gar nicht wahr.

Sie tragen ihre Welt

auf den Schultern.

Sie tragen sie durch die Welt.

Sie bitten nicht um Hilfe,

doch sie weinen, schlimmer noch,

sie klagen an,

weil sie niemand sieht.

Von Marion Jana Goeritz ebenfalls
beim Verlag BoD erschienen (BoD
Books on Demand, Norderstedt, nähe-
re Informationen finden Sie unter ww-
w.BoD.de)

„Liebe für die Seele Band 1"
ISBN 978-3-7357-4045-8

„Liebe für die Seele Band 2"
ISBN 978-3-7357-7734-8

„Seelenweiß"
ISBN 978-3-7347-5769-3

„Seelen essen Liebe gern"
ISBN 978-3-7347-8706-5

„SeelenEngel"
ein spiritueller Erfahrungsbericht
ISBN 978-3-7386-2588-2

„SeelenSchlüssel"
ISBH 978-3-7386-3844-8

„Seelenfarben"
ISBN 978-3-7386-3947-6

„Seelenschimmer"
ISBN 978-3-7386-4014-4

„Seelenfinden"
ISBN 978-3-7386-4037-3

„Ein Gefühl meiner Seele"
ISBN 978-3-7386-1506-7

„Seelenfrieden" Danken, Bitten, Ent-
spannung ein persönlicher Erfahrungs-
bericht
ISBN: 978-3-7386-4884-3

„Seelenweihnacht"
ISBN: 978-3-7386-5616-9

„Im Land unter dem Regenbogen"
Wunderbare Märchen und unglaubli-
che Geschichten
ISBN: 978-3-7392-0115-3

„Freddy und seine Geschichten"
ISBN: 978-3-7386-3321-4

„SeelenWorte"
ISBN: 978-3-7392-0455-0

„Herzanker"
ISBN: 978-3-7392-3482-3

„Im Fluss der Liebe"
ISBN: 978-3-7392-3489-2

„Seelenklänge"
ISBN: 978-3-7392-3532-5

„Liebeslied"
ISBN: 978-3-7392-3548-6

„Wahre Traumtänzerin"
ISBN: 978-3-7392-3556-1

„Emilia Sommerfeld"
ISBN: 978-3-7392-3787-9

„Für mich war es Liebe"
ISBN: 978-3-8423-5362-6

„Kaleidoskop"
ISBN: 978-3-8423-5738-9

„Die verzauberte Wiese"
ISBN: 978-3-7412-0772-3

„Seelenbrücke"
ISBN: 978-3-7412-0890-4

„Wetterleuchten"
ISBN: 978-3-7412-2740-0

„Zentrifuge"
ISBN: 978-3-7412-4011-9

„Für Dich"
ISBN: 978-3-7412-4018-8

„Hannos Geschichten"
ISBN: 978-3-7412-9373-3

„Das Eulenherz"
ISBN: 978-3-7431-0009-1

„Eine Reise irgendwo hin"
ISBH: 978-3-7421-0042-8

„Ist das wirklich wahr?"
ISBN: 978-3-7431-1549-1

„Stille Momente"
ISBN: 978-3-7431-1586-6

„Engelszwirn"
ISBN: 978-3-7431-1594-1

„Anders"
ISBN: 978-3-7448-3582-4

„Wenn es spricht"
ISBN: 978-3-7448-3583-1

„Jonas und die Himmelsleiter"
ISBN: 978-3-7448-5452-8

„Farbenregen"
ISBN: 978-3-7448-5453-5

„Wellenfarbe"
ISBN: 978-3-7448-7311-6

Blanchefleur
ISBN: 978-3-7448-7415-1

„Winterzauber"
ISBN: 978-3-7448-9885-0

„Seele was denkst du dir?"
ISBN: 978-3-7448-9937-6

"Der Südwind
der aus dem Norden kam"
ISBN: 978-3-7448-8206-4

"Erinnerungsblick"
ISBN: 978-3-7460-1281-0

„Mosaik" Gefühle und Gedanken
Gedichte
ISBN:978-3-7460-1320-6

„Begegnung"
ISBN: 978-3-7460-9595-0

„Sternenozean"
ISBN:978-3-7460-9685-8

„Himmelsstern"
ISBN: 978-3-7528-5012-3

„Mut verspricht Lebendigkeit"
ISBN: 978-3-7528-5071-0

„Liebeswort-Gedichte"
ISBN: 978-3-7528-6639-1

„Wenn Schiffe wandern"
ISBN: 978-3-7528-6655-1

„Bunte Federstriche" Gedichte
ISBN: 978-3-7481-0960-0

„Himmelblau und Sonnenreich"
Tierseelengeschichten
ISBN: 978-3-7481-3289-9

„Durchreisen"
ISBN: 978-3-7386-5903-0

„Grüne Traummusik"
ISBN: 978-3-7392-4925-4

Weitere Informationen zu Neuerscheinungen finden Sie immer auf meiner Seite

www.buchkaleidoskop.Reikipraxis-Goeritz.de